PIANO · VOCAL · GUITAR

ITALIAN FAVORITES

Most songs are in Italian; some are in the Neapolitan language.

ISBN 978-0-634-01591-5

HAL•LEONARD®
CORPORATION
7777 W. BLUEMOUND RD. P.O. BOX 13819 MILWAUKEE, WI 53213

Visit Hal Leonard Online at
www.halleonard.com

ITALIAN FAVORITES

A Frangesa
A French Woman
(In Neapolitan)

I am French and come from Paris;
I am a beautiful but hard-hearted woman, let me tell you!
To begin with—pay attention—don't try to wheedle me into anything.
I have a sweetheart, and you won't get anywhere with me.
     La la …
What do you want now? Please don't shout!
     La la …
If you don't stop, I can't go on singing!

Addio a Napoli
Farewell to Naples

Farewell, my beautiful Naples, farewell!
Your sweet image—whoever could forget!
At the bright blue of the sky, the peaceful shore,
What heart does not become intoxicated,
Enraptured with pleasure!
In you the earth and the breeze speak of love;
Of you only, for comfort in my sorrow, will I dream.

Oh, farewell, my beautiful Naples, farewell!
Farewell, dear memories of times, alas, gone by!

Amor ti vieta
Love Forbids You

Love forbids you
not to love.
Your slender hand,
which rejects me,
seeks the clasp
of my hand;
your eyes
express "I love you,"
even though your lips say
"I will not love you!"

Brindisi
Toast

Let's drink—let's drink from the happy goblets
which beauty adorns;
and let the fleeting hour be intoxicated with pleasure.
Let's drink among the sweet trembling that love arouses,
as that eye [Violetta's glance] goes, all-powerfully, to our hearts.
Let's drink; love—love,
among the goblets, will have warmer kisses.

Ah, let the day discover us, ah yes!

Ciao, bella, ciao
Goodbye, My Beauty, Goodbye

This morning I got up,
oh my beauty, hello!
This morning I got up,
and I found the intruder.

Oh, as your champion, send me away,
oh my beauty, goodbye!
As your champion send me away,
for I feel that I'm dying.

And I know I'm dying a champion,
oh my beauty, goodbye.
I know I'm dying a champion;
you must bury me.

And you will bury me up in the mountains;
oh my beauty, goodbye.
You will bury me up in the mountains,
Beneath the shade of one of the flowering trees.
All those who pass by—
oh my beauty, goodbye—
all those who pass by
will say of me, "What a beautiful flower."
And all those who pass by
will say of me, "What a beautiful flower."

Com'è gentil
How Peaceful It Is

How peaceful it is—the mid-April night!
The sky is blue; the moon is without a veil.
All is languor...
peace, mystery, love!
My beloved, why do you not come to me yet?
The breezes form words of love.
Hear the sighs in the murmuring of the brook;
my beloved, why do you not come to me yet?
Later, when I am dead, you will weep;
but you will not be able to call me back to life.
Your faithful one is being consumed with desire.
Cruel Nina, do you want to see me die?
Later, when I am dead, you will weep;
but, no—you will not be able to call me back to life.

Core 'ngrato
Ungrateful Heart

Catarì, Catarì, why do you speak only bitter words to me?
Why do you speak to me and always torment me, Catarì?
Do not forget that one day I gave you my heart;
Catarì, do not forget.

Catarì, Catarì, why do you wish to pretend?
Do not make me suffer and waste away any longer.
You never ever think of my sorrow;
you don't care!

Ungrateful heart, you have taken my life;
all is past, and you think of me no more.

Ideale
Ideal

I followed you as a rainbow of happiness
along the pathways of heaven.
I followed you as a kindly light
in the veil of the night.
And I sensed you in the light, in the air,
in the fragrance of the flowers;
and my solitary existence was full
of you, of your splendors.

Captivated by you, at the sound of your voice
for a long time I dreamed;
and every anguish, every pain on earth
in those days I forgot.
Come back, dear ideal—come back for a moment
to smile at me again;
and upon me will shine, through your countenance,
a new dawn.
Come back, dear ideal; come back, come back.

Il bacio
The Kiss

Upon your lips, if I could,
I would bestow a sweet kiss.
I would tell you all the sweetnesses of love—
ah, all the sweetnesses of love.
Always close beside you,
a thousand sad things I would tell you,
a thousand joyful things I would tell you.

Italian National Anthem

Brothers of Italy, Italy has awakened;
with the helmet of Scipio she has girded her head.
Where is Victory? May she offer her hair,
for as a slave to Rome God created her.

Let us unite as cohorts;
let us fly to death,
for Italy has called.

Note: Scipio was a Roman general; Roman slaves' heads were shaved ("May she offer her hair...")

La canzone di Doretta
Doretta's Song

Who could guess Doretta's beautiful dream?
How did its mystery end?
Alas, one day a student
kissed her lips,
and that kiss was revelation:
It was passion!
Frenzied love! Frenzied rapture!
Who could ever describe the subtle caress of a kiss so ardent?
Ah, my dream! Ah, my life!
Of what importance is wealth
if, at last, happiness has blossomed again!
Oh golden dream, to be able to love like that!

La donna è mobile
Woman Is Fickle

Woman is fickle
like a feather in the wind;
she vacillates in word
and in thought.
A lovable,
    pretty face,
    in tears or in laughter,
    is always lying.

He who relies upon her,
    who rashly entrusts
    his heart to her,
    is always miserable!
And yet he who does not
    drink love upon that breast
    never feels
    completely happy!

La Spagnola
The Spanish Maiden

From Spain is the beautiful woman,
queen of love.
All the stars speak to me,
stars of lively splendor.

Ah! Closer, closer into the ecstasy of love.
The Spanish maiden knows how to love like this,
mouth to mouth night and day.

I love with complete ardor
sincerely who is with me.
The strength of my past years I may well soon see.

The stab of that first dart moved with delight.
The lips are swollen, to touch is paradise.

La vera Sorrentina
The Beautiful Girl from Sorrento
(in Neapolitan)

I saw her at the Piedigrotta festival.
She was well dressed
to look at the milling crowd,
accompanied by her mother.
A braided blouse,
an embroidered neckerchief,
a crimson skirt,
and two enchanting eyes.
And the beautiful girl from Sorrento
is what I heard her called.

Since then I have no peace,
I sigh constantly.
My net doesn't please me,
I don't enjoy catching fish anymore.
With my poor little boat
I rush to Sorrento.
Every evening, every morning
I go to shed tears,
but that ungrateful girl
never has pity on me.

If she doesn't cure this pain—
she is as beautiful as she is hard-hearted—
I'll change my road, I'll give my attentions
to some other young girl.
But what do I see? What misfortune!
Lightning, and the sky darkens.
I can't see the dock.
My little boat is about to go down.
Because of you, ungrateful girl,
I am going to drown!

Mandolinata
The Mandolin Song

Come on, let's go!
The night is beautiful; the moon is rising.
Here and there, throughout the city,
let's go enjoy ourselves.
As long as the night lasts, we can have a good time.
We can stroll, walk around,
return, sing, play, rejoice.
Now let's go, intending to wake up the beautiful ladies;
I would appease parents; the beautiful one will hear the
    jealous ones flee, ah!
She will appear, she'll see us pass by, ah!
Her heart will beat, ah!
Her heart will beat, yes, will beat
as long as our singing is heard!
To go, play music, rejoice…

M'apparì tutt' amor
She Appeared to Me All Love

She appeared to me all love,
my gaze found her.
So beautiful that my heart
longingly to her flew.
Wounded me, charmed me,
that angelic beauty.
Carved in my heart of love,
erased she cannot be.
The thought of being able
to tremble with her of love
can allay the torture
that wearies me and racks my heart.
Martha, Martha, you vanished
and my heart went with you.
You stole peace from me,
I will die of pain.

Marechiare
Marechiare

When the moon rises over Marechiare,
even the fishes tremble with love.
The waves become turbulent in the bosom of the sea,
and with joy they change color,
when the moon rises over Marechiare.

In Marechiare smiles a window
upon which my passion flaps its wings.
The water below it sings a song;
a carnation smells sweet on the window sill.
In Marechiare smiles a window—ah!

Whoever says that the stars are bright
has not seen the splendor of your eyes!
Ah, I know well those burning rays;
they reach the core of my heart!
Who says that the stars are bright?

Wake up, for the evening is utterly enchanted,
and I've never waited for you so long!
To blend harmonies with my melancholy song,
tonight I've brought a guitar with me!
Wake up, for the evening is utterly enchanted!

Margarita
(in Neapolitan)

Margarita, Salvatore has lost his senses because of love.
Margarita, man the hunter is often also a simpleton!
Margarita, it's not your fault!
What is done is done, let's not speak of it anymore.

Mattinata
Morning Serenade

Dawn, dressed in white,
already opens the door to broad daylight;
already, with her rosy fingers,
she caresses the multitude of flowers!
All around, creation seems stirred
by a mysterious throbbing;
and you do not awaken; and in vain
I stay here, aching, to sing.

Put on your white dress too,
and open the door to your minstrel!
Where you are not, sunlight is missing;
where you are, love dawns.

O del mio amato ben
Oh of My Dearly Beloved

Oh lost enchantment of my dearly beloved!
Far from my sight is
the one who was for me glory and pride!
Now throughout the silent rooms
always I seek her (him) and call out
with my heart full of hopes…
But I seek in vain, I call out in vain!
And weeping is to me so dear
that with weeping only do I nourish my heart.

Without her (him), every place seems sad to me.
The day seems like night to me;
fire seems ice-cold to me.
Even though at times I hope
to devote myself to another concern,
a single thought torments me:
but without her (him), what will I do?
Life thus seems to me a futile thing
without my beloved.

O mio babbino caro
Oh My Dearest Daddy

Oh my dearest daddy,
he pleases me; he is beautiful.
I want to go to the Porta Rossa
to purchase the ring.
Yes, we want to go there.
And if I love in vain,
I'd go to the Ponte Vecchio,
to fling myself into the Arno!
I'm tortured and tormented!
Oh God, I want to die!
Daddy, pity me!

Quando men vo
When I Go Out

When I go out alone in the street
people stop and stare…
and they all study in me my beauty
from head to foot.
And then I savor the subtle longing
that comes from their eyes;
they know how to appreciate, beneath obvious charms,
    all the hidden beauty.
Thus the flow of desire
completely surrounds me;
it makes me happy!
And you who know, who remember
and are melting with passion—
you avoid me so?
I know well: your sufferings—
you don't want to tell them;
I know well,
but you feel like you're dying!

Serenata
Serenade

Like a golden dream is still engraved in my heart
the memory of that love which exists no more!
Its fantasy was like a sweet smile
which made happier, with its radiance,
our youth.
But the sweetness of that happiness for me was brief;
that beautiful golden dream vanished,
leaving me in sorrow!
Gloomy is the future, ever sadder the days.
The time of youth gone by will be mourned.
I am alone, with such bitter regret and sorrow in my heart!
Oh, a ray of sun,
upon my path, alas, shines no more!
Nevermore, nevermore!

Stride la vampa!
The Blaze Crackles!

The blaze crackles!
The indomitable crowd
runs to that fire
with happy faces!
Screams of delight
echo around;
surrounded by ruffians
a woman comes forward!
Sinister shines
on their horrible faces
the ghastly flame
that rises to the sky!

The blaze crackles!
The victim arrives
dressed in black,
ragged and barefoot!
A fierce cry
of death rises;
the echo repeats it
from cliff to cliff!

Una furtiva lagrima
A Furtive Tear

A furtive tear
fell from her eyes.
She seemed to envy those merry girls.
What more am I looking for?
She loves me. Yes, she loves me.
I see it.
To feel the throbbings of her beautiful heart for a single instant!
To mingle my sighs
for a short time with her sighs!
To feel the throbbings,
to mingle her sighs with mine!
Heaven, I could die;
I ask for nothing more.
Ah!

Vesti la giubba
Put on the Jacket

To perform! While taken by raving;
I no longer know what I say
and what I do!
And yet it is necessary…force yourself!
Bah! are you perhaps a man?
You are Pagliaccio!

Put on the jacket and the face powder.
The people pay and want to laugh.
And if Harlequin steals Colombine,
laugh Pagliaccio…
and everyone will applaud!
Transmute in jokes
the agony and the weeping;
into a smirk
the sob and the pain…
Ah! Laugh, Pagliaccio,
on your shattered love!
Laugh at the pain that poisons your heart!

Vieni sul mar
Come to the Sea

Ah, get up, maiden—
the moon is shedding such a clear ray upon the sea.
Come with me;
your sailor's shadowed, trusty boat awaits you.
But you are sleeping,
and are not thinking about your faithful one;
but he who lives for love doesn't sleep!
By night I fly to the shore to you,
and by day I fly to you with my heart!

Come to the sea, come row;
you will feel the rapture of your sailor!

ITALIAN FAVORITES

A FRANGESA
(A French Girl)

Words and Music by
P. MARIO COSTA

Marcato vivo (Lively March tempo)

I' so' na chiapp' 'e 'mpe - sa, ve, ___ l'aiggi' 'a di! _____ Pe cu - min -

ciá: sa - pi - te, no, nun ve vruc - cu - lia - te, io'o teng' 'o nnam - mu - ra - te,

cu me nun c'e che fa! Pe cu - min - ciá: sa - pi - te, no, nun ve

vruc - cu - lia - te, io'o teng' 'o nnam - mu - ra - te, Embè, nun c'è ___ che fa! _____

Chorus

A SERENATA DE' ROSE
(Serenade of the Rose)

Words and Music by
EDUARDO DI CAPUA

Andantino

È
My

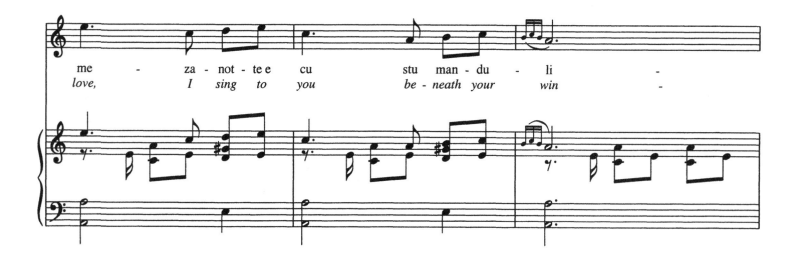

me - za - not - te e cu stu man - du - li -
love, I sing to you be - neath your win -

no   I'   can - to͜a stu bar - co   -   ne chin' 'e   rro -
dow,   I   strum   a man-do - lin   and sing my   love

se,   Sa - glie   n'ad-dor-re͜a ran   -   ce d' 'o ciar - di -
song.   The ros   -   es grow and or   -   ange trees are   bloom

no   E͜a   st'a ria do - ce   ve - ne͜a pro-fu - mà.   'A
ing,   sweet   per - fume fills the   air,   as I de - clare: Ah!

lu - na jan-ca me   pa-re d'ar - gien   -   to   Sbat -
love!   My se - re - nade   a - mong the   ros   -   es,   brings

12

tu - te son-gh' 'e rro - se da stu vien -
you the love that now my song dis - clos -

to. Oj rro - se meje! Si dor - me che - sta
es. The rose will fade and die when snow-flakes

fa - ta, Sce - ta - te la Cu
fall, dear, but love will grow and

che - sta se-re - na - ta. ta.
live be - yond it all, dear. dear.

ADDIO A NAPOLI
(Farewell to Napoli)

Words and Music by
TEODORO COTTRAU

ful - gi-do, la pla - ci - da ma - ri - na, qual co - re non i-

neb - bria, non bea, non bea di vo - lut - tà! In te____ la ter - ra_e

l'au - ra____ fa - vel - la - no d'a - mo - re; te so - la al mio do-

lo - re con - for - to io sogne - rò.____ Oh! ad - dio____ mia bel - la

15

Na - po - li! ad - di - o, ad - di - o! ad -

di - o, ca - re me - mo - rie del tem - po, ah! che pas - sò!

AMOR TI VIETA
from FEDORA

By UMBERTO GIORDANO

Sostenuto

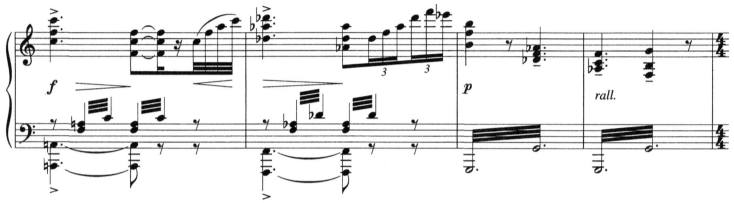

Andante cantabile

A - mor __ ti __ vie - ta di non a -

mar. La man tua __ lie - ve,

che mi re - spin - ge, cer - ca __ la __

stret - ta del - la mia man;

la tua pu - pil la_e - spri - me: T'a -

- mo! se_il lab - bro di - ce: Non t'a-me-ró!

BRINDISI
from LA TRAVIATA

Words and Music by
GIUSEPPE VERDI

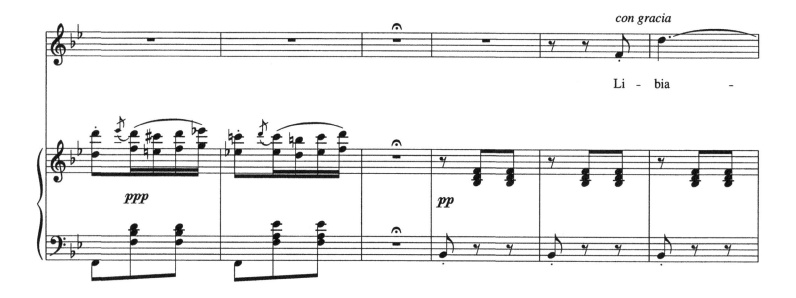

-mo, li-bia-mo ne' lie - ti ca - li - ci, che la__ bel -

lez - za__ in - fio - ra; e la_____ fug - ge - vol, fug -

ge - vol o - ra s'in - ne - brii a__ vo - lut - tà.

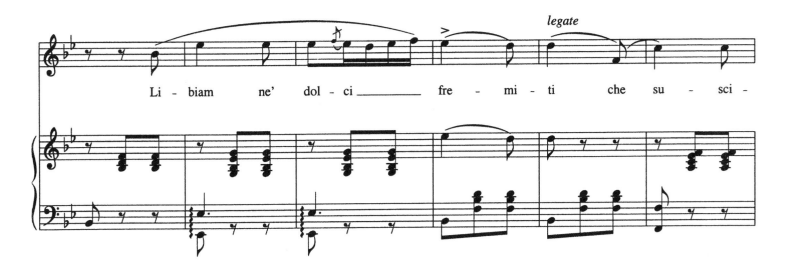

Li - biam ne' dol - ci____ fre - mi - ti che su - sci -

ta l'a - mo - re, poi - chè quel - l' occhio al

co - re on - ni - po - ten - te _____ va. _____ Li -

bia - mo, a - mo - re, a - mor _____ frai ca - li - ci

più cal - di ba - ci _____ a - vrà. Ah! _____ li - biam, a -

pp   f

mor fra'_____ ca - li - ci più cal - di _____ ba - ci - a -

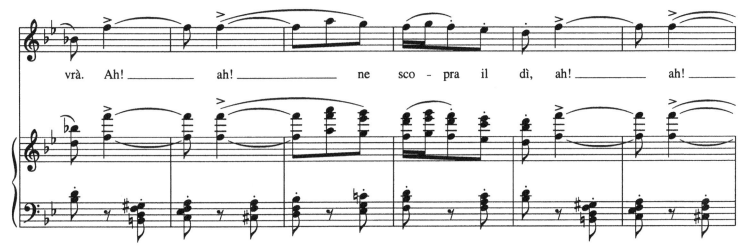

vrà. Ah! _____ ah! _____ ne sco - pra il dì, ah! _____ ah! _____

_____ ne sco - pra il dì, ah! _____

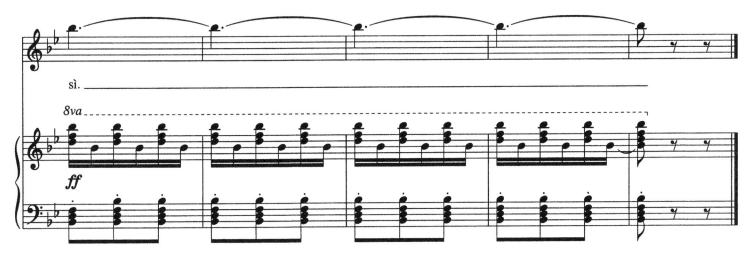

sì. _____

CARNIVAL OF VENICE

By JULIUS BENEDICT

ta co - lui che ben mio vuol. _____ Se
lets o - ver the moon - light sea. _____ When

co - sa e a - mor _____ tu sa - i Deh _____ vie - ni
mirth's _ a - wake _ and love be - gins be - neath that

non tar - dar. _____ E quel _ che tu _____ vor -
shin - ing ray, _____ with sounds of gui - tars _____ and

ra - i Prom - et to a te _____ do - nar. _____
man - do - lins to steal young hearts _ a - way, _____

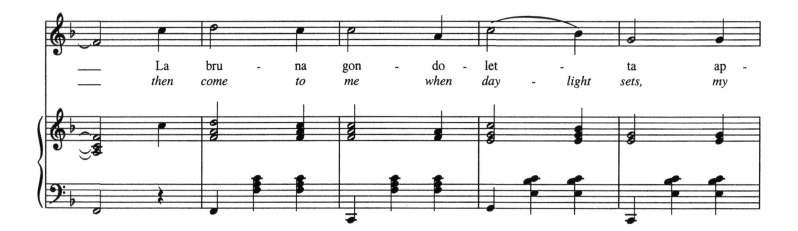

La bru - na gon - do - let - - ta ap -
then come to me when day - light sets, my

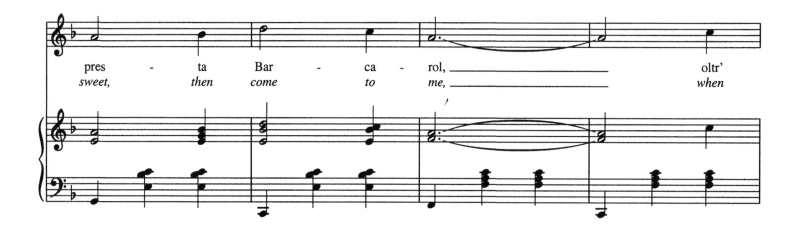

pres - ta Bar - ca - rol, oltr'
sweet, then come to me, when

il ca - nal m'a - spet - ta co -
smooth - ly glides our gon - do - lets o -

lui che ben mio vuol.
ver the moon - light sea.

CIAO BELLA CIAO

Traditional

Sta-mat - ti - na _____ mi son al -
gia - no _____ por - ta mi
muo - io _____ da par - ti -

za - to, _____
vi - a, _____ } O bel - la ciao, bel - la ciao, bel - la ciao, ciao, ciao. { Sta-mat -
gia - no, _____ Par - ti -
So io

ti - na _____ mi son al - za - to, _____ Ed ho tro - va - to l'in - va -
gia - no _____ por - ta - mi vi - a, _____ Che mi sen - to di mor -
muo - io _____ da par - ti - gia - no, _____ Tu mi de - vi sep - pel -

CIRIBIRIBIN

Words and Music by
ANTONIO PESTALOZZA

Tempo di Valse

Su fi ni sci-
I am wait - ing

la coi ba - ci _____ Bel Mo - ruc - cio Bi - ric -
here for you ___ love ___ as the eve - ning breez - es

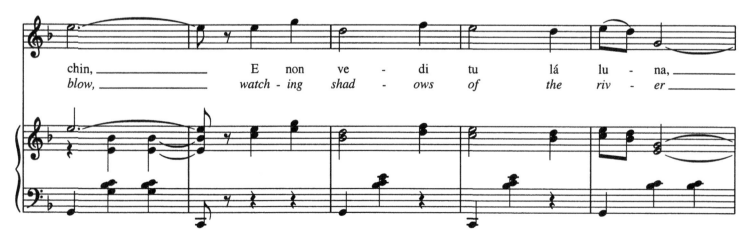

chin, _____ E non ve - di tu lá lu - na, _____
blow, _____ watch - ing shad - ows of the riv - er _____

Che dal ciel fa ca - po - lin? _____ E se
as they flit both to and fro. _____ *I have*

pur la lu - na spi - a _____ Noi la - scia - mo -
come to see the love - light _____ *danc - ing in your*

la guar - dar; _____ An - zi il pal - li - do suo
eyes of blue, _____ *and to hear you soft - ly*

rag - gio _____ Ci con - si - glia - a se - gui - tar! _____
whis - per _____ *that to me* ___ *you'll e'er be true.* _____

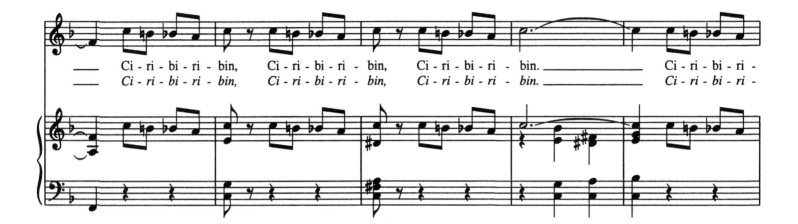

Ci - ri - bi - ri - bin, Ci - ri - bi - ri - bin, Ci - ri - bi - ri - bin. _____ Ci - ri - bi - ri -
Ci - ri - bi - ri - bin, Ci - ri - bi - ri - bin, Ci - ri - bi - ri - bin. _____ Ci - ri - bi - ri -

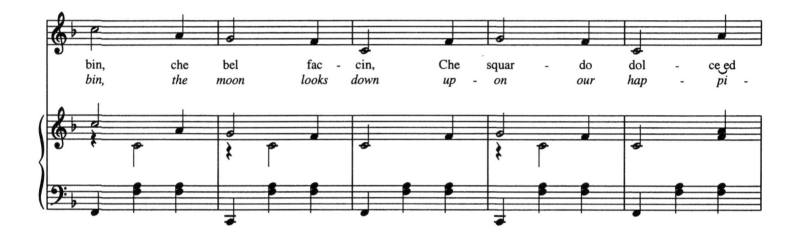

bin, che bel fac - cin, Che squar - do dol - ce ed
bin, the moon looks down up - on our hap - pi -

as - sas - sin! _____ Ci - ri - bi - ri - bin, che bel na -
ness se - rene. _____ Ci - ri - bi - ri - bin, the stars bow

sin, Che bei den - tin, che bel boc - chin! _____
down be - fore you O my ra - diant queen. _____

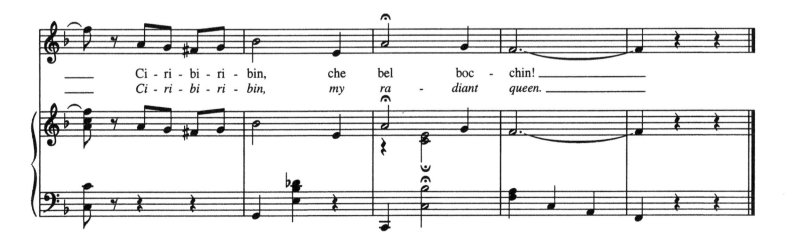

COME BACK TO SORRENTO

By ERNESTO DE CURTIS

Andantino espressivo

Com'è gentil

from DON PASQUALE

By GAETANO DONIZETTI

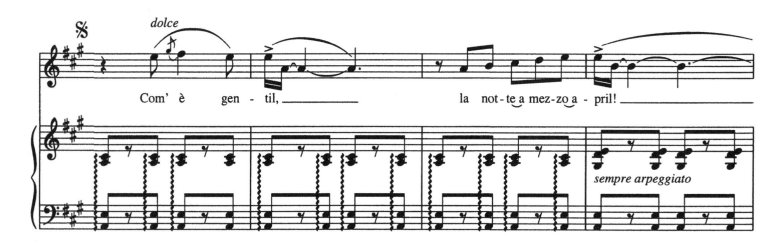

mor! _____ Ben mio, per - chè _____ an - cor non vie - ni a

me?

For - ma - no l'a - u - re   d'a - mo - re ac -
Il tuo fe - de - le   si strug - ge

cen - ti.   Del rio nel mur - mu - re _____ so - spi - ri   Ni - na cru - de - le, _____ Ni - na cru -
di ___ de - sir.

To Coda ⊕

sen - _____ ti;   ben mio, per - fe -
del, _____   il tuo fe -

chè _____ an - cor non vie - ni a me? _____ Per - chè, per -

Pochissimo più mosso

chè _____ an - cor non vie - ni a me? Poi quan - do sa - rò

mor - to _____ pian - ge - ra - i, ma ri - chia-mar - mi in

vi - ta _____ non po - tra - i.

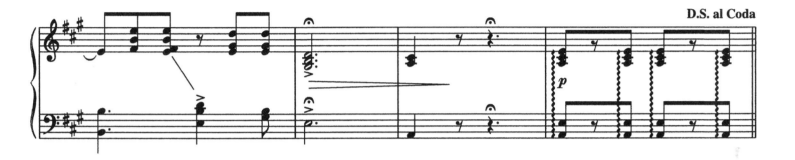

mor - to _____ pian - ge - ra - i, ma ri - chia-mar - mi in

vi - ta, _____ no, non po - tra - i,

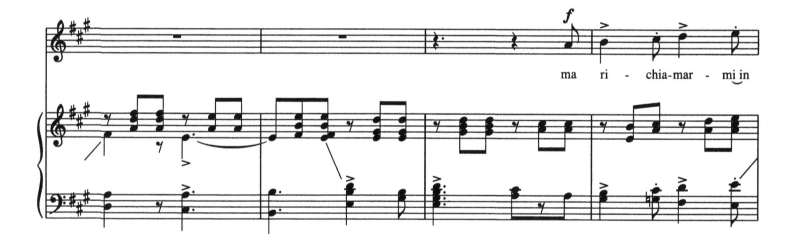

ma ri - chia-mar - mi in

vi - ta, _____ no, non po - tra - i.

CORE 'NGRATO

Words and Music by
SALVATORE CARDILLO

Andante moderato con sentimento

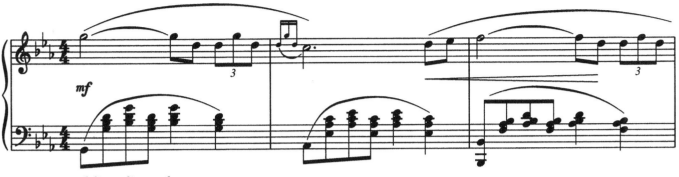

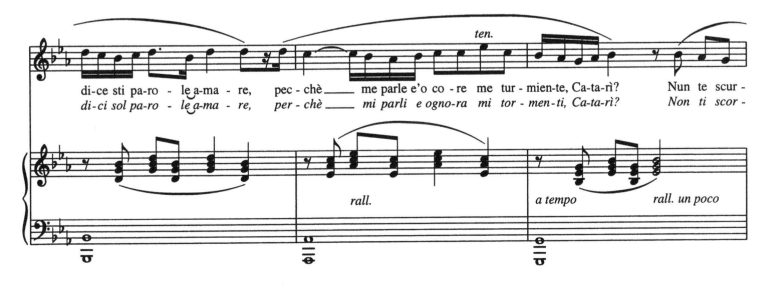

40

41

tut - t'è pas - sa - to e nun 'nce pien - ze chiù! _____
tut - to è pas - sa - to e non mi pen - si più. _____

2. Catarì, Catarì,
tu nun'o saie ca'nfin'int'a na chiesa
io so' trasuto e aggio priato a Dio, Catarì.
E l'aggio ditto pure a' o cunfessore:
I' sto a suffrì
pe' chella là!

Sto a suffrì, sto a suffrì,
nun se po' credere,
sto a suffrì tutte li strazie!
E'o cunfessore, ch'è persona santa,
m'ha ditto: Figlio mio, lassala sta'.

Core, core 'ngrato,
t'aie pigliato 'a vita mia,
tutt' è passa'to
e nun 'nce pienze chiù!

2. *Catarì, Catarì,*
tu non lo sai che perfino in chiesa
mi son recato ed ho pregato Iddio, Catarì.
Ed ho narrato al padre confessore
il mio soffrir
per quest'amor.

Un soffrir, un martir
da non si credere.
Un dolor che strazia l'anima.
E il confessore, ch'è persona santa,
mi ha detto: Figlio mio, devi scordar.

Core, core ingrato,
ti sei preso la vita mia,
tutto è passato
e non mi pensi più.

FUNICULI, FUNICULA

Words and Music by
LUIGI DENZA

Marcato vivo

se - ra, Ni - na mìa, io son mon - ta - to _____
think _____ the world is made for fun and frol - ic, _____

___ Te lo di - ró? _____ Te lo di - ró? _____
and so do I! _____ And so do I! _____

Ti la - scia star. E non
some joy - ous song, *to set*

ti cor - re ap - pres - so e non ti strug - gi A ri - guar
the air with mu - sic brave - ly ring - ing is far from

dar, A ri - guar - dar.
wrong, *is far from wrong!*

Le - sti, le - sti, via mon - tiam su là
Lis - ten, lis - ten, ech - oes sound a - far!

le - sti, le - sti, via mon-tiam su là fu - ni - cu -
Lis - ten, lis - ten, ech - oes sound a - far fu - ni - cu -

p cresc.

li, fu - ni - cu - la fu - ni - cu - li fu - ni - cu -
li, fu - ni - cu - la fu - ni - cu - li fu - ni - cu -

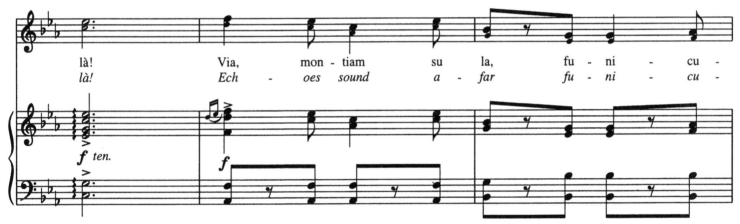

là! Via, mon - tiam su la, fu - ni - cu -
là! Ech - oes sound a - far fu - ni - cu -

f ten. *f*

1.
li fu - ni - cu - là.
li fu - ni - cu - là.

2.
li fu - ni - cu - là. _____
li fu - ni - cu - là. _____

sfz

IDEALE

Words and Music by
FRANCESCO PAOLO TOSTI

Sostenuto assai

Io ti se -

guii _____ co - m'i - ri - de di pa - ce   Lun - go le vie del

cie - lo: li ti se - guii co - me un' a - mi - ca fa - ce   De la not - te nel

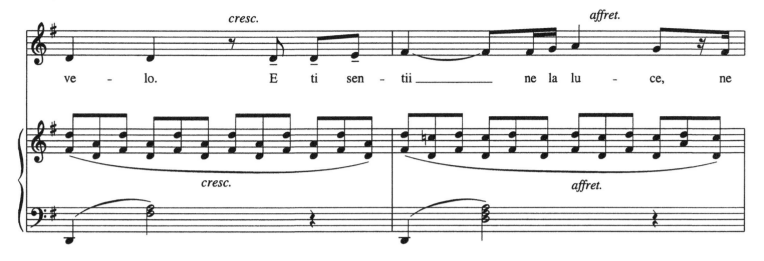

cresc. *affret.*

ve - lo. E ti sen - tii ___ ne la lu - ce, ne

cresc. *affret.*

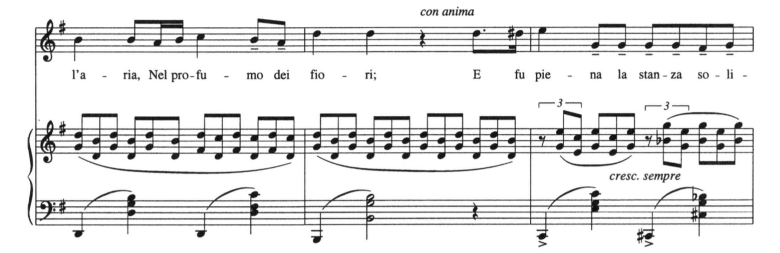

con anima

l'a - ria, Nel pro-fu - mo dei fio - ri; E fu pie - na la stan - za so-li -

cresc. sempre

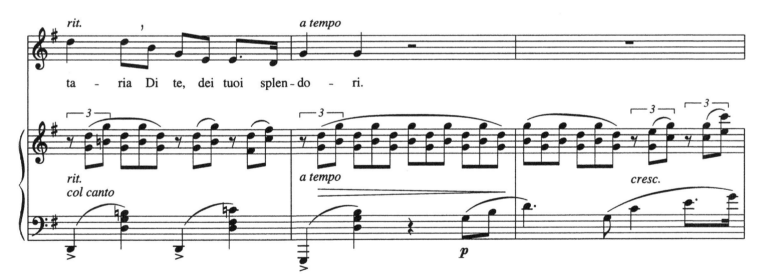

rit. *a tempo*

ta - ria Di te, dei tuoi splen-do - ri.

rit. *a tempo* *cresc.*
col canto

p

p

In te ra -

dim. *pp sempre assai legato*

48

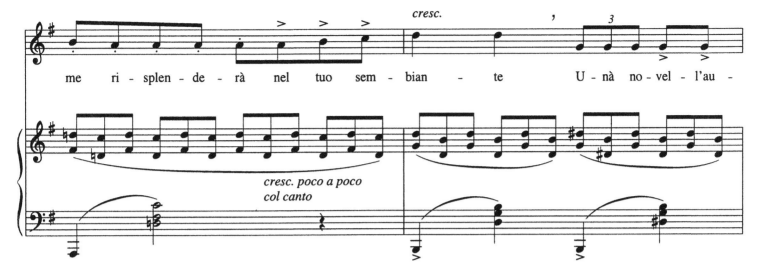

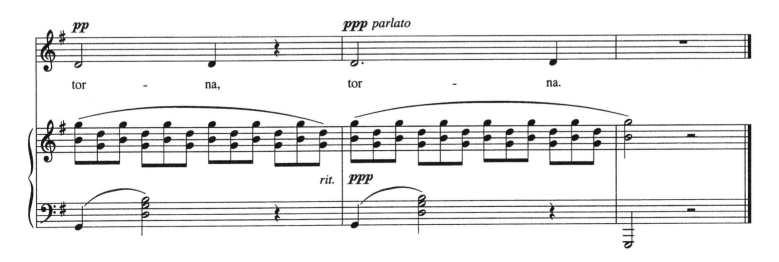

IL BACIO
(The Kiss)

By LUIGI ARDITI

51

ba - cio ti - da - rei, Tut -

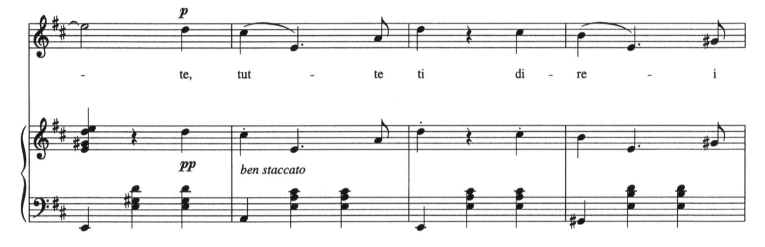

- te, tut - te ti di - re - i

le dol - cez - ze del - l'a - mor. _____ Ah!

tut - te le dol - cez - ze del - l'a - mor.

52

Sem - pre, sem - pre as-si - sa sem - pre as-

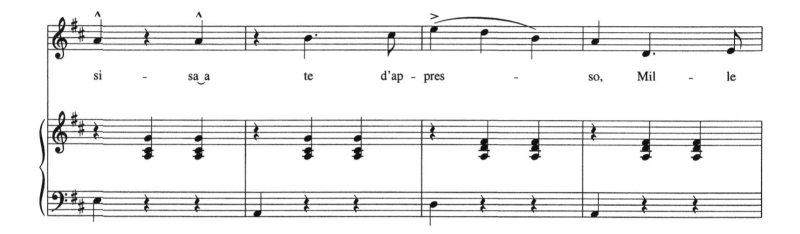

si - sa_a te d'ap-pres - so, Mil - le

re - i ti di-re - i, mil - le

con grazia

gau - dii ti _____ di - rei.

LA CANZONE DI DORETTA
from LA RONDINE

Words and Music by
GIACOMO PUCCINI

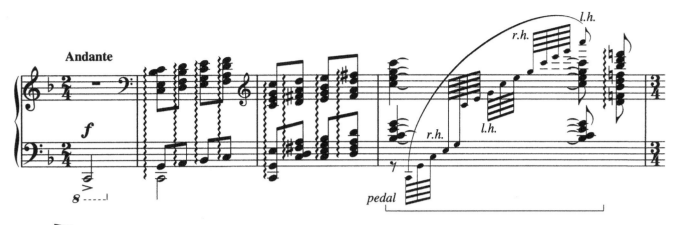

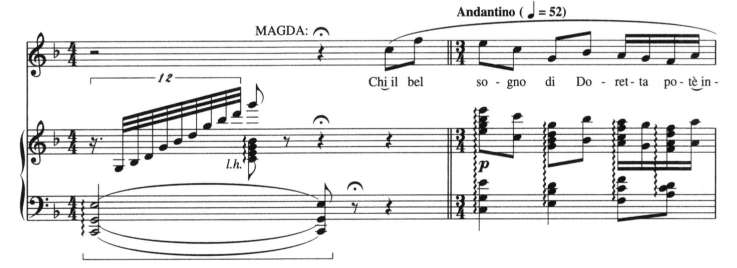

MAGDA: Chi il bel so - gno di Do - ret - ta po - tè in -

do - vi - nar? Il suo mi - ster co - me mai, co - me mai fi - nì? _____ Ahi - mè! Un

54

gior - no u - no stu - den-te in boc - ca la ba - cio e fu quel ba - cio ri - ve - la - zio - ne:

Sostenendo
dolcissimo

Fu la pas - sio - ne! __ Fol - le a - mo - re!

pp *p*

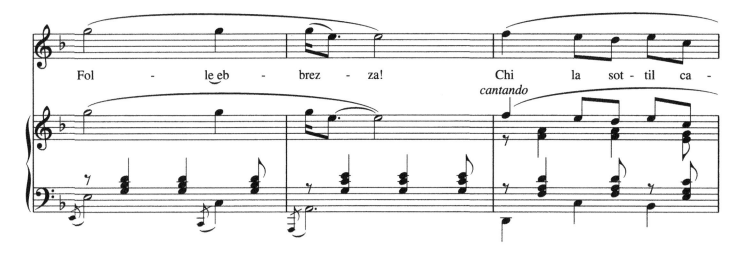

Fol - le eb - brez - za! Chi la sot - til ca -

cantando

rez - za d'un ba - cio co - sì ar - den - te mai ri - dir po - trà?

p *p*

ITALIAN NATIONAL ANTHEM

Words and Music by
EMILIO NOVARO

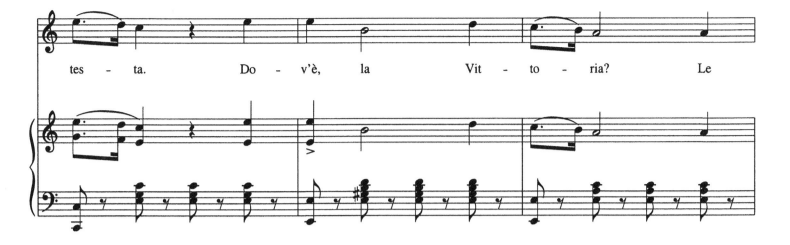

tes - ta. Do - v'è, la Vit - to - ria? Le

por - ge la chio - ma, ché schia - va di

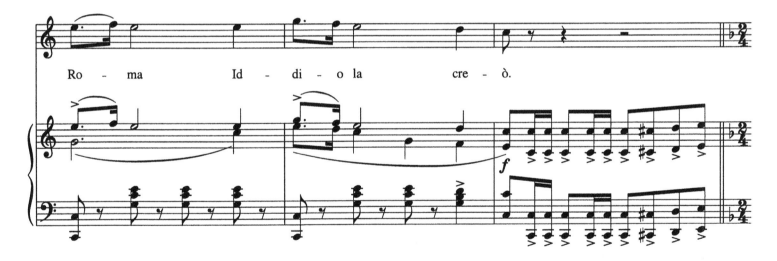

Ro - ma Id - di - o la cre - ò.

Strin - giamci in co - or - te, strin - giamci in co -

or - te, Vo - lia - mo alla mor - te, ché Ita - lia ___ chia -

mò. _____ Strin - giamci in co - or - te, strin - giamci in co - or - te, vo -

lia - mo alla mor - te, ché Ita - lia chia - mò. Strin -

giamci in co - or - te, vo - lia - vo alla mor - te, vo -

lia - mo alla mor - te, ché Ita - lia chia - mò. _____ Strin-

giamci in co - or - te, strin - giam - ci in co - or - te, vo - lia - mo alla

mor - te, ché Ita - lia chia - mò. Ché

Ita - lia, ché Ita - lia, chia - mò.

LA DONNA È MOBILE
from RIGOLETTO

By GIUSEPPE VERDI

La don-na è mo-bi-le qual piu-ma al ven-to; mu-ta d'ac-cen - to e di pen - sie - ro. Sem-pre un a-ma-bi-le leg-gia-dro vi - so, in pian-to o in

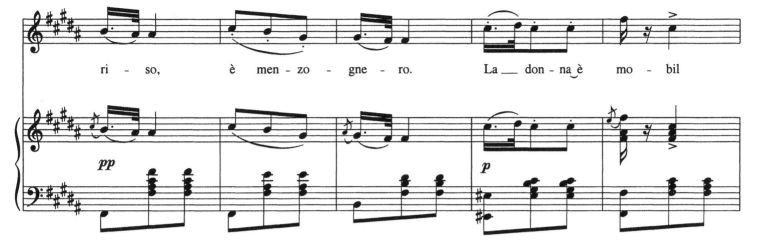

ri - so, è men-zo-gne-ro. La __ don-na è mo - bil

qual __ piu-ma __ al ven-to; mu-ta d'ac-cen-to e __ di pen-

sier, e __ di pen - sier,

e, _____ e __ di __ pen -

sier.

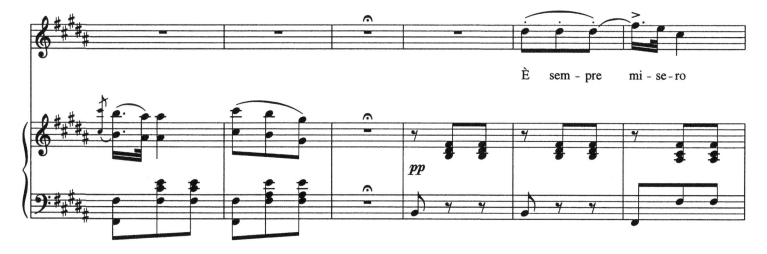

È sem - pre mi - se - ro

chi a lei s'af - fi - da, chi le con - fi - da mal cau - to il co - re!

Pur mai non sen - te - si fe - li - ce ap - pie - no chi su quel se - no

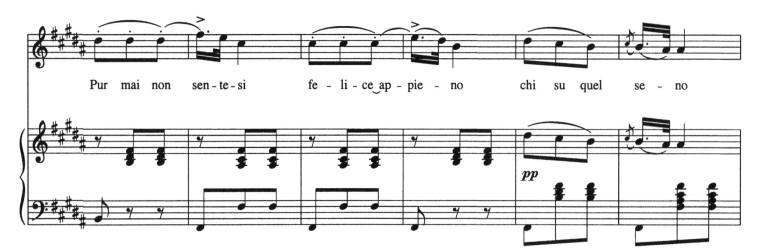

LA SORELLA

By C. BOREL-CLERC

March

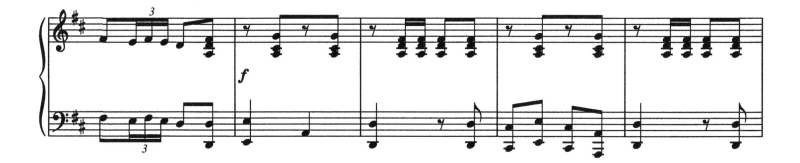

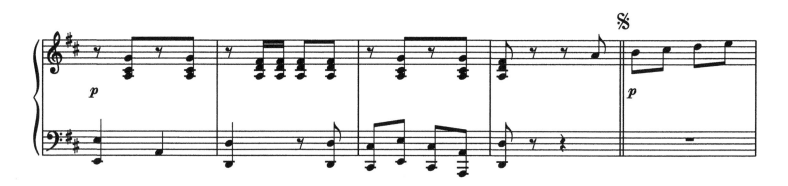

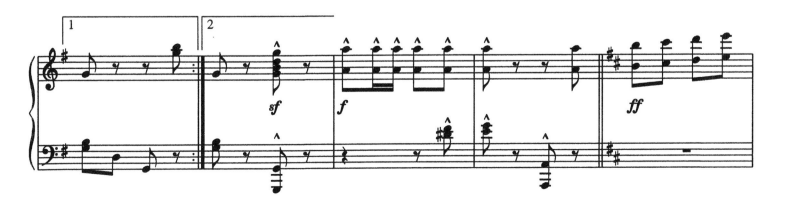

To Coda ⊕

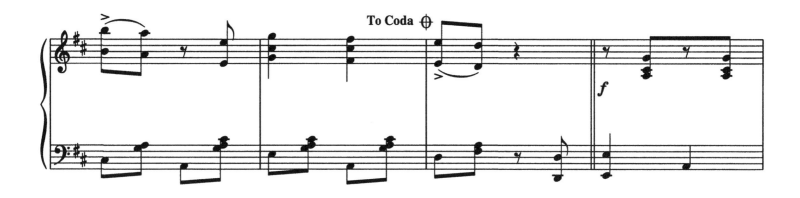

Trio

p cantando

_f_

_ff_

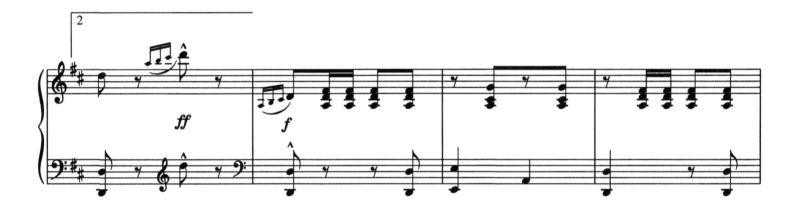

D.S. al Coda

CODA

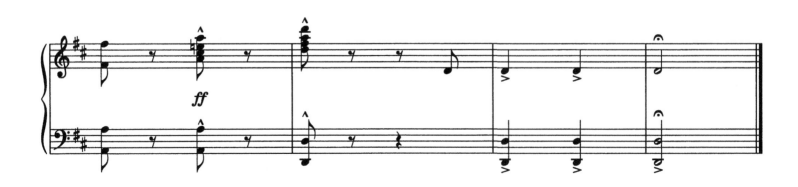

LA VERA SORRENTINA
(The Fair Maid of Sorrento)

Italian Folksong

gna - ta;_____ 'Na - giac - chet - ta ag - gal - lo - na - ta,_____ 'Na pet -

ti - glia_____ ri - ca - ma - ta,_____ 'Na gon - nel - la,_____ crem - me

si - na,_____ E du - je oc - chie da nean - tà,_____ E la -

a tempo

bel - la_____ Sor - ren - ti - na_____ la sen -

71

tèt - ta _____ no - mi - nà.   Da chell'   gà!

Additional Lyrics

2. Da chell' ora nn'aggio pace,
   Stongo sempe a sosperare;
   Chiù la rezza non me piace,
   Chiù no ntenno lo ppescare.
   Co la misera barchetta
   A Sorriento 'nfretta, 'nfretta
   Ogne sera, ogne mattina
   Vace lagreme a jettà.
   Ma la sgrata Sorrentina
   Non ha maje de me pietà.

3. Se non cura chesti pene
   Quanto cana, tanto bella,
   Voto strada, e do lo bbene
   A quacc' altra nennella,
   Ma che vedo? che sventura,
   Lampa, e l'aria se fa scura.
   Aggio spersa la banchina
   La barchetta è p'affonnà!
   Pe tte sprata Sorrentina
   Io mi vado ad affogà!

LA SPAGNOLA

By VINCENZO CHIARI

Tempo di Valse

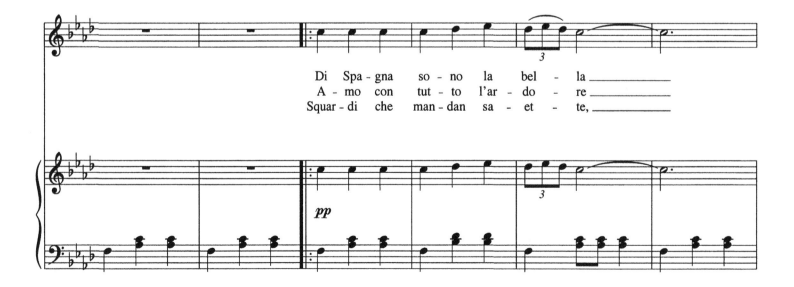

Di Spa - gna so - no la bel - la _____
A - mo con tut - to l'ar - do - re _____
Squar - di che man - dan sa - et - te, _____

Re - gi - na son ___ del - l'a - mor! _____ Tut - ti mi di - co - no
A chi è sin - ce - ro con me! _____ De - gli an - ni mie - i il vi -
Mo - ven - ze di ___ vo - lut - tà! _____ Le lab - bra son tu - mi -

stel - la, _____ stel - la di vi - vo splen - dor. _____
go - re _____ Gli fo ben pres - to ve - der! _____
det - te, _____ Fo il pa - ra - di - so toc can! _____

Di Spa - gna so - no la bel - la, Re - gi - na son del - l'a -
A - mo con tut - to l'ar - do - re A chi e sin - ce - ro con
Squar - di che man - dan sa - et - te, Mo - ven - ze di vo - lut -

mor! _____ Tut - ti mi di - co - no stel - la,
me! _____ De - gli an - ni mie - i il vi - go - re
tà! _____ Le lab - bra son ___ tu - mi - det - te,

f

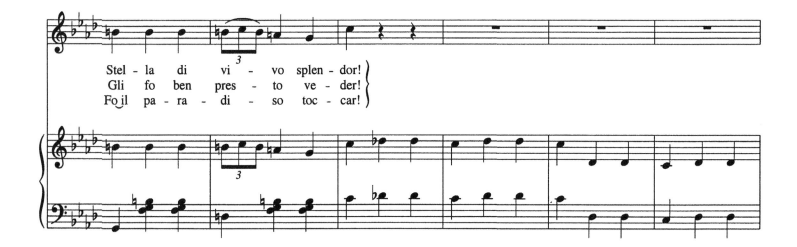

Stel - la di vi - vo splen - dor!
Gli fo ben pres - to ve - der!
Fo il pa - ra - di - so toc - car!

Ah! Stret - ti, stret - ti,

ff   *pp*

nel - l'e - sta - si d'a - mor! _____ La Spa -

MANDOLINATA
(The Mandolin Serenade)

By E. PALADILHE

Sù an - diam! la not - te è bel - la, La lu - na va spun - tar. _____ Di quà, __ di là, per la __ cit - à, an - diam ci a tras - tul - lar. _____ Fin - chè la not - te

du - ra, ci po-trem di - ver-tir. _____ Po - tre-mo an-dar, gi -

To Coda ⊕

rar, __ tor-nar, can - tar, suo-nar, gio - ir. Or an-dia - mo an -

dia - mo, in - ten - ti le bel - le a sve - gliar. So -

pi - rei par-enti, i ge - lo - si fu - gar _____ la bella au-di -

rà, ah! ah! _____ S'af-fac - cie - rà, _____ pas-sar ci ve -

drà, ah! ah! _____ Suo cuor bal-ze - rà, ah! ah! _____ Suo cuor bal-ze -

crescendo molto

D.S. al Coda

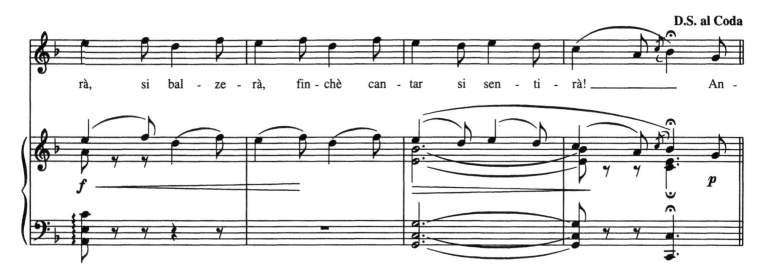

rà, si bal - ze - rà, fin - chè can - tar si sen - ti - rà! _____ An -

f   *p*

CODA

dar, __ suo - nar, __ gio - ir. _____

rall.   *p* *a tempo*

MARGARITA

By VITTORIO FASSONE

M'APPARI TUTT' AMOR

from MARTHA

By FRIEDRICH VON FLOTOW

mi fe - ri, m'in - va - ghi quell' an - ge - li - ca bel - tà, sculta in cor dall' a -

mor can - cel - lar si non po - trà, il pen - sier di po - ter pal - pi - tar con lei d'a -

rall.

mor, può so - pir il mar - tir che m'af - fan - na e stra - zia il cor, e

rall.

a tempo

stra - zia il cor! _____ M'ap - pa - ri tutt' a -

a tempo

82

mor il ____ mio sguar - do l'in - con - trò, Bel - la ____

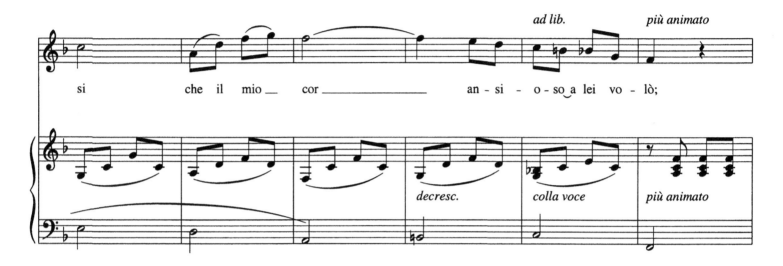

ad lib.   *più animato*

si che il mio ___ cor _____ an - si - o - so_a lei vo - lò;

decresc.   *colla voce*   *più animato*

Mar - ta, Mar - ta tu spa - ri - sti, e_il mio cor col

tuo n'an - dò! Tu ___ la pa - ce mi ___ ra - pi - sti,

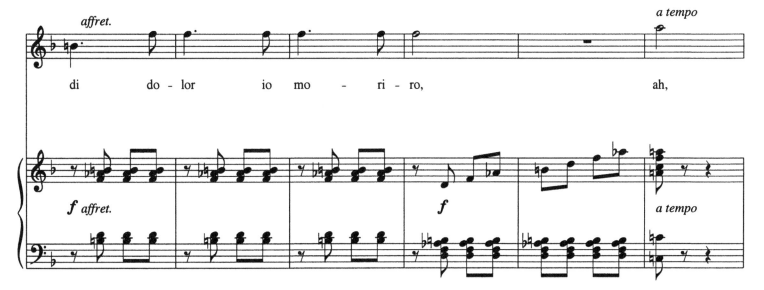

di   do - lor   io   mo   -   ri - ro,   ah,

di   do - lor   mor - ro,   si   mor - ro!

MARECHIARE

Words and Music by
FRANCESCO PAOLO TOSTI

Marcato con spirito

Quan - no spon - ta la luna a Ma - re - chia - re pu -
Quan - do sor - ge la lu - na a Ma - re - chia - re, per -

re li pi - sce nce fan - n'a l'am - mo - re
fi - no i pe - sci tre - ma - no d'a - mo - re

se re - vo - ta - no l'on - ne de lu ma - re, pe la pri - ez - za ca - gne - no cu -
si scon - vol - go - no l'onde in grembo al ma - re, e per la gio - ia can - gia - no co -

lo - re, quan - no spon - ta la luna a Ma - re - chia - re ____
lo - re! Quan - do sor - ge la luna a Ma - re - chia - re. ____

____ A Ma - re - chia - re nce sta na fe - ne - sta, la
____ A Ma - re - chia - re sor - ri - de un bal - co - ne, la

sentito

pas - si - o - ne mia nce tuz - zu - le - a, nu ca - ro - fano ad - do - ra
pas - si - o - ne mia vi bat - te l'a - le: l'ac - qua can - ta di sot - to

in - t'a na te - sta, pas - sa l'ac - qua pe sot - to e mur - mu - lé - a: A Ma - re -
u - na can - zo - ne, un ga - ro - fa - no o lez - za al da - van - za - le: a Ma - re -

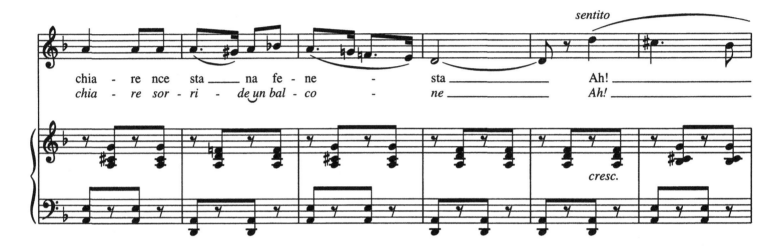

sentito

chia - re nce sta __ na fe - ne - sta _____ Ah! _____
chia - re sor - ri - de un bal - co - ne _____ Ah! _____

cresc.

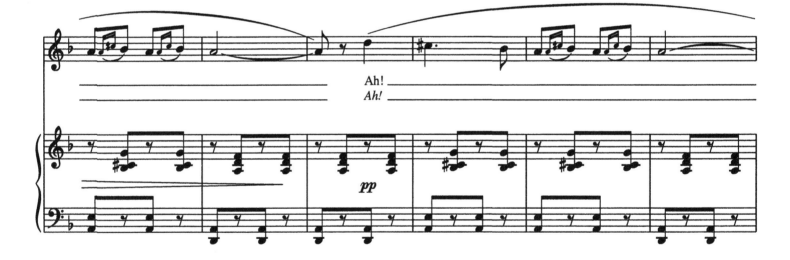

Ah! _____
Ah! _____

pp

__ A Ma - re - chia - re, a Ma - re - chia - re nce sta __ na fe -
__ A Ma - re - chia - re, a Ma - re - chia - re sor - ri - de un bal -

cresc.

ne - sta.
co - ne.

3. Chi dice ca li stelle so lucente
   nun sape st'uocchie ca tu tiene nfronte,
   sti doje stelle li saccio io solamente,
   dint'a lu core ne tengo li pônte.
   Chi dice ca li stelle so lucente?...

4. Scetate, Carulì, ca l'aria è doce;
   quanno maie tanto tiempo aggio aspettator
   P'accompagnà li suone cu la voce
   stasera na chitarra aggio portato.
   Scetate, Carulì, ca l'aria è doce!...

3. *Chi dice che le stelle son lucenti*
   de li occhi tuoi non vide lo splendore!
   Ah, li conosco io ben quei raggi ardenti!
   Ne scendono le punte in questo core!
   Chi dice che le stelle son lucenti?...

4. *Dèstati, che la sera è tutto incanto,*
   e mai per tanto tempo io t'ho aspettata!
   Per accoppiar gli accordi al mesto canto,
   stasera una chitarra ho qui portata!
   Dèstati, che la sera è tutto incanto!...

MATTINATA

By RUGGERO LEONCAVALLO

rez - za de' fio - ri lo stuol! Com -

mos - so da un fre - mi - to ar - ca - no In - tor - no il cre - a - to già

par; E tu non ti de - sti, ed in - va - no Mi

sto qui dol - len - te a can - tar. Met - ti an - che

rit.

a tempo

p

rit. colla voce

scherzando

90

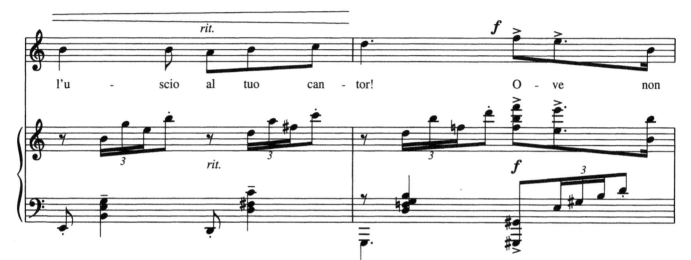

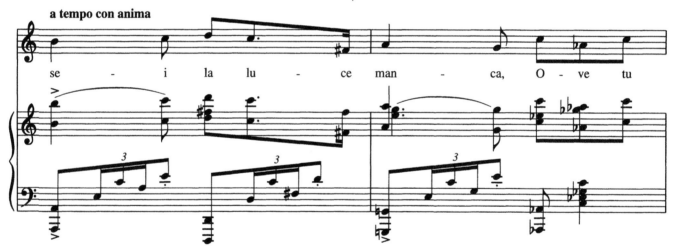

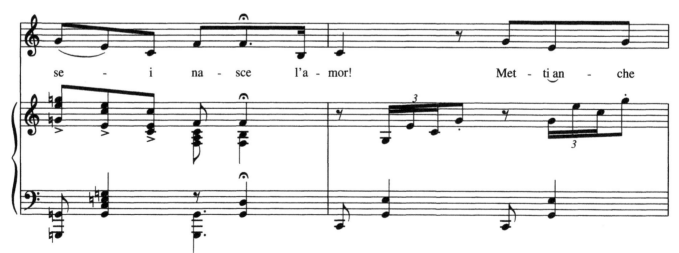

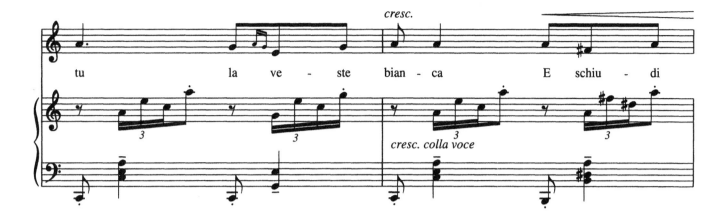

tu la ve - ste bian - ca E schiu - di

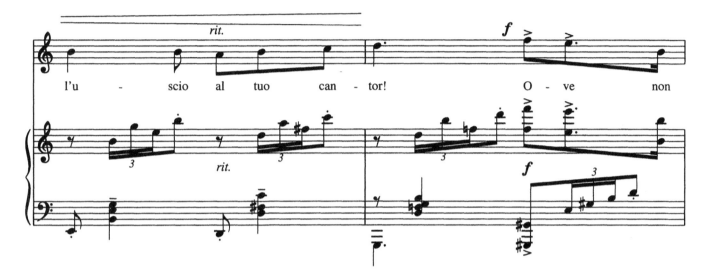

l'u - scio al tuo can - tor! O - ve non

se - i la lu - ce man - ca, O - ve tu

se - i na - sce l'a - mor!

NEAPOLITAN DANCE

Traditional Italian Song

Moderato

O MIO BABBINO CARO

from GIANNI SCHICCHI

By GIACOMO PUCCINI

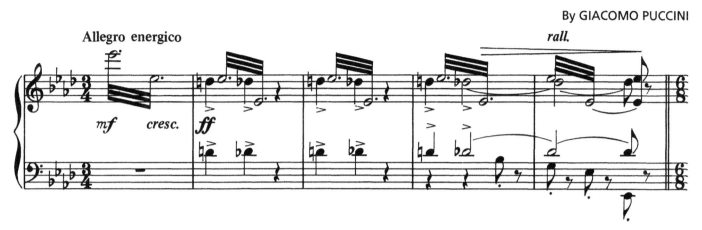

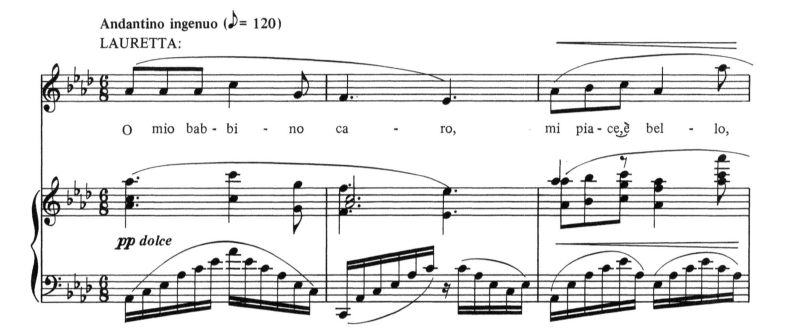

a com-pe-rar l'a - nel - lo! Sì, sì, ci vo-glio an-da - re!

E se l'a-mas-si in-dar - no, an-drei sul Pon - te Vec - chio,

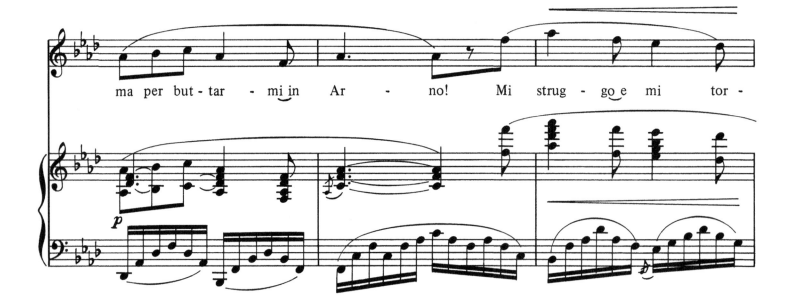

ma per but-tar - mi in Ar - no! Mi strug - go e mi tor -

O DEL MIO AMATO BEN

By STEPHANO DONAUDY

'O SOLE MIO

Words by GIOVANNI CAPURRO
Music by EDUARDO DI CAPUA

Andantino con espressione

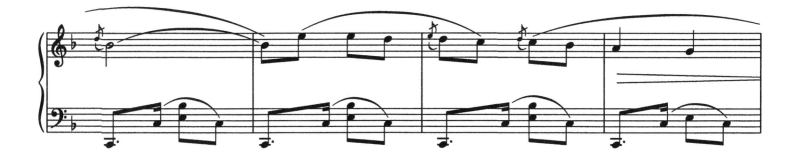

Che bel - la co - sa   'na iur - na - ta 'e

While you are sleep - ing   love's watch I am

so - le, ____ N'a - ria se - re - na dop - po 'na tem -

keep - ing. ____ Bright stars are peep - ing ____ down from a -

pe - sta! _____ pe' ll'a - ria fre - sca
bove _____ you. _____ Night shades are fall - ing,

pa - re già 'na fe - sta, _____ Che bel - la
birds to mates are call - ing, _____ need I tell

co - sa 'na iur - na - ta'e sole. _____
you a - gain how much I love _____ you. _____

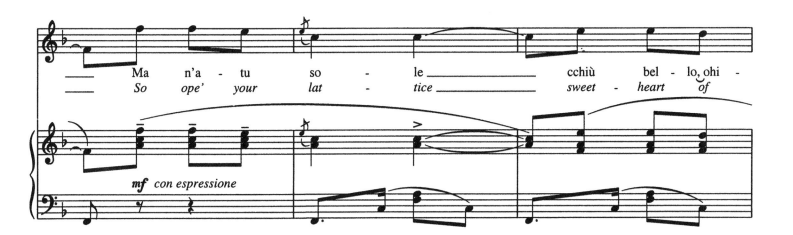

_____ Ma n'a - tu so - le _____ cchiù bel - lo, ohi -
So ope' your lat - tice _____ sweet - heart of

mf con espressione

ne', _____ 'o so - le mi - o _____

mine. _____ *I'm watch - ing wait - ing*

__ sta - nfron - te̲ a te! _____ 'O

__ at love's sweet shrine. _____ *For*

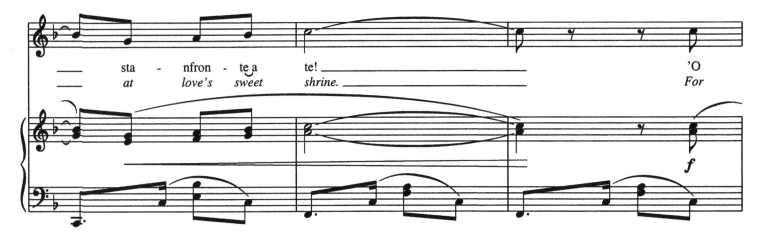

so _____ le̲'o so - le mi - o _____

you, _____ *for you I long dear.* _____

__ sta - nfron - te̲'a te, _____ sta - nfron - te̲ a te! _____

__ I love but you _____ *my heart is yours.* _____

PASQUALOTTO

Traditional Italian Dance

Allegretto

OH MARIE

Words and Music by
EDUARDO DI CAPUA

Andantino

a, / ry,

Spe - / long -

ru - to p''a ve - de. / ing to see her face.

Nun _____ tro - vo n'o - ra 'e pa - ce. / I _____ can - not rest an hour.

'A _____ not - t''a fac - cio juor - no, / Night _____ af - ter night I've wait - ed,

Sem - pe pe sta ccà at - tuor - no, Spe - / wea - ry and long be - lat - ed, on -

-ran-no 'e ce par - là. _____ Ah! Ma - rì - a, Ma -
-ly to hear her voice. _____ Ah, Ma - rie! _____ ah Ma -

rì! _____ Quan - ta suon - no che per - do pe - te; _____
rie! _____ All the sleep I am los - ing for thee! _____

_____ Fam - m'ad - dur - mi, _____ Ab - brac -
_____ Now let me rest _____ for a

cia - to un po - co cu - te! _____ Ah! Ma - rì -
mo - ment a - sleep on your breast! _____ Ah, Ma - rie!

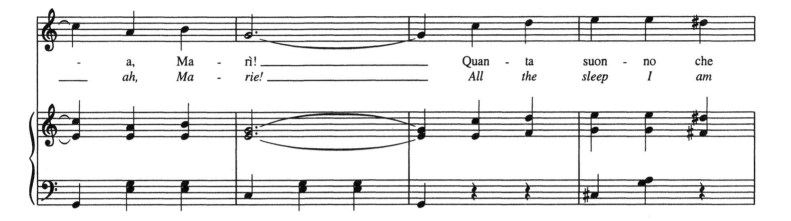

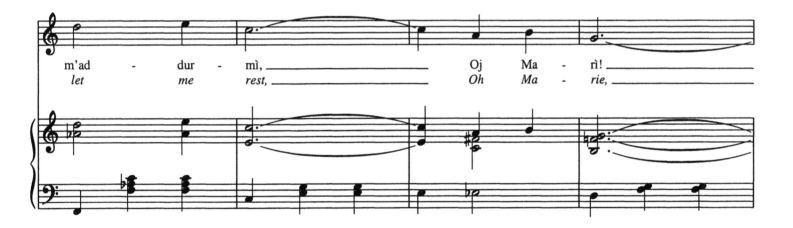

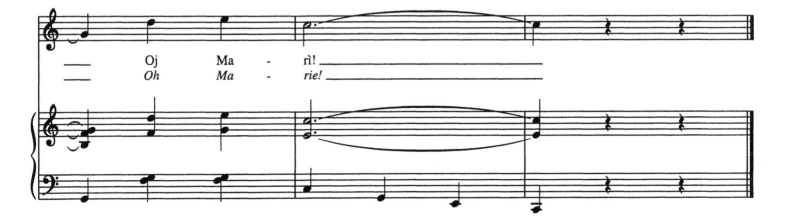

QUANDO MEN VO
(Musetta's Waltz)
from LA BOHEME

By GIACOMO PUCCINI

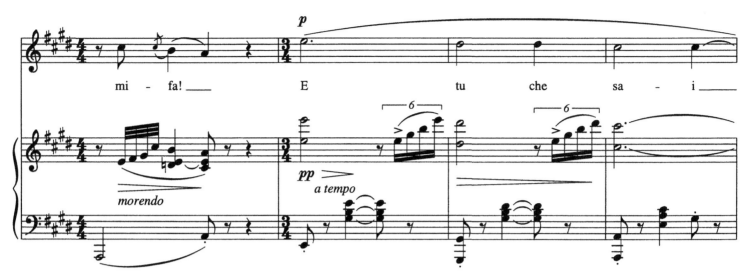

mi - fa! ___ E tu che sa - i ___

morendo   *a tempo*

___ che me - mo - ri e ti strug - gi, ___ da me tan - to ri - fug - gi? ___

quasi rit.   *a tempo*   *quasi rit.*   *a tempo*

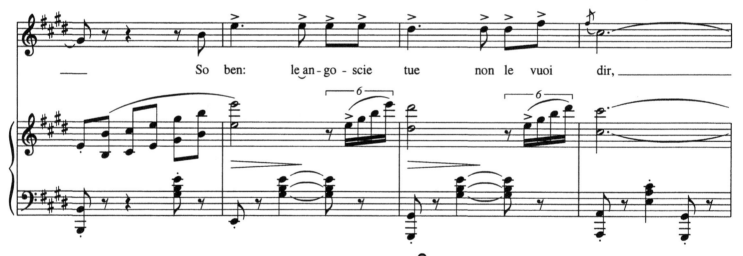

___ So ben: le an - go - scie tue non le vuoi dir, ___

___ non le vuoi dir, so ben ___ ma ti sen - ti mo - rir!

cresc.   *poco allarg.*   *f*   *p a tempo*   *pp*

SERENATA

By ENRICO TOSELLI

Moderato con espressione

Co - me un so - gno d'or scol - pi - to è nel co - re, Il ri - cor - do an - cor di quel l'a - mor che non e - si - ste più! _____ Fu la sua vi - sion qual

dol - ce sor - ri - so che più lie - ta fa, col suo bril -

lar, la no - stra gio-ven - tù. _____ Ma fu mol - to bre - ve in me

la dol - cez - za di quel ben sva - nì quel bel so - gno d'or, la - scian-do in

me il do - lor! Cu - po è l'av-ve - nir; _____ sem-pre piu tri - sti i

f

dì.　　La gio-ven - tù　pas - sa - ta sa - rà　rim-pian-to. Mi　re sta sol,

sì　rim-pian-to a-ma-ro e duol _____ nel cor!　　Oh

rag - gio di so - le,　　sul mio cam -

mi-no ahimè non bril-la più!　Mai　più,　mal più. _____

SANTA LUCIA

By TEODORO COTTRAU

STRIDE LA VAMPA!

from IL TROVATORE

By GIUSEPPE VERDI

Allegretto

Stri - de la vam -

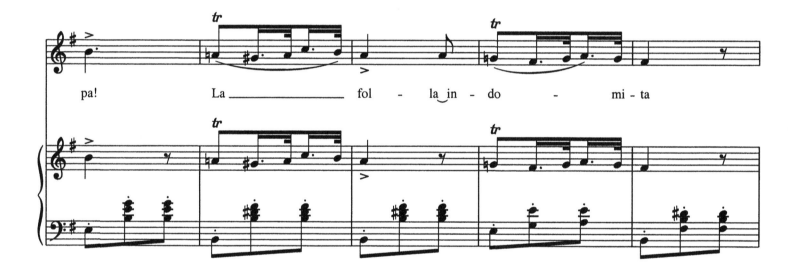

pa! La _____ fol - la_in - do - mi - ta

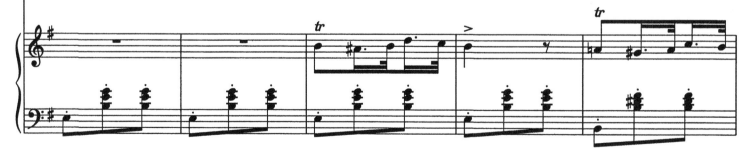

cor - re_a quel fo - co lie -

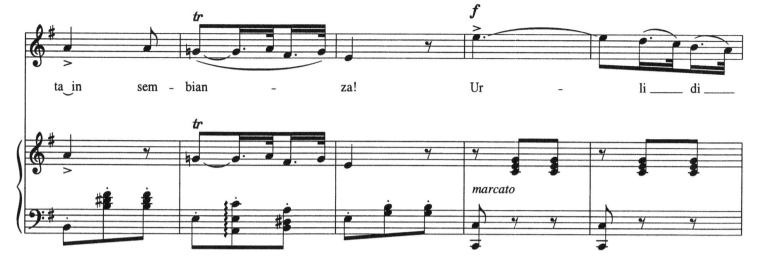

ta in sem - bian - za! Ur - li ____ di ____

gio - ia in - tor - no ec - cheg - gia - no;

cin - ta ____ di ____ sgher - ri don -

- na ____ s'a - van - za! Si - ni - stra

splen - de sui _____ vol - ti_or - ri - bi -

li la te - tra fiam - ma _____ che _____

s'al - za, che s'al - za al ciel, _____

che _____ s'al - za_al ciel!

Stri - de la

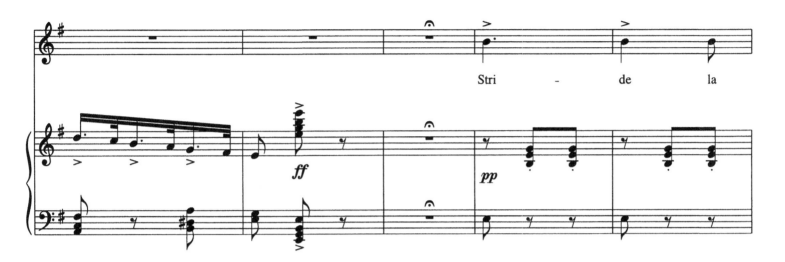

vam - pa! Giun - ge la vit - ti -

ma ne - ro ve - sti - ta,

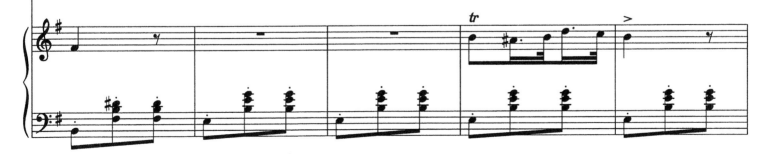

di - scin - ta_e scal - za! Gri -

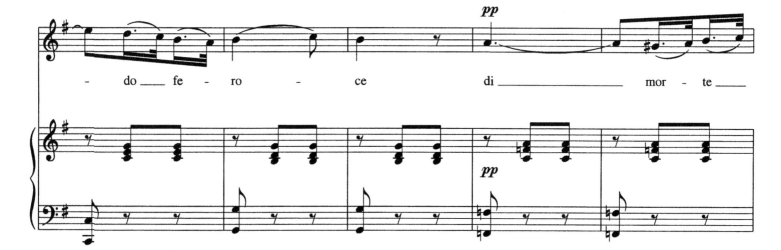

- do ___ fe - ro - ce di _____ mor - te ____

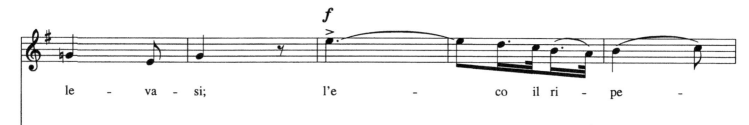

le - va - si; l'e - co il ri - pe -

te di _____ bal - za in bal - za! Si -

ni - stra splen - de sui _____ vol - ti or -

ri - bi - li la te - tra flam -

ma _____ che __ s'al - za, che s'al - za al ciel, _____

che _____ s'al - za al ciel!

TARANTELLA

Traditional

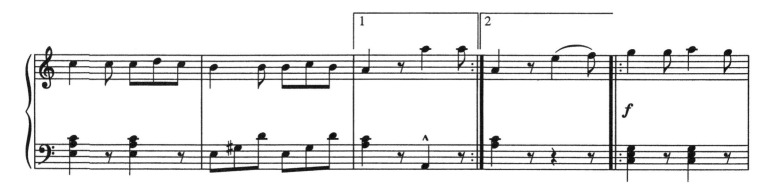

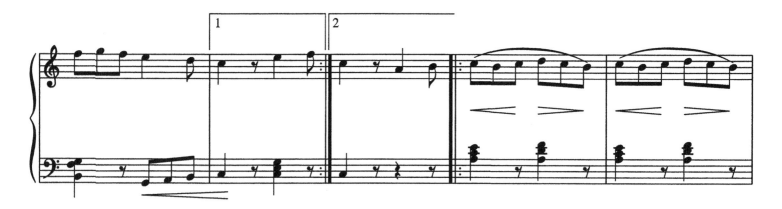

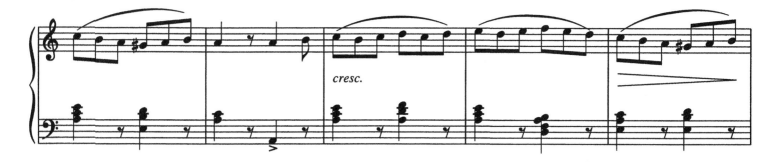

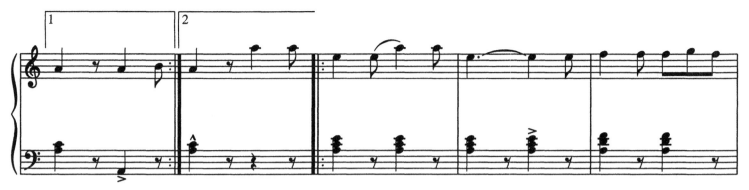

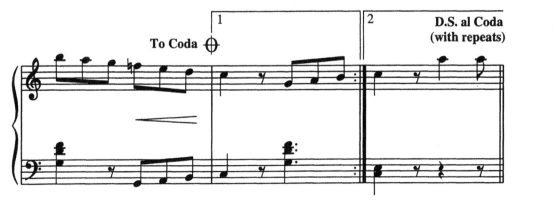

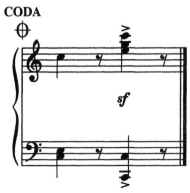

TESORO MIO

By ERNESTO BECUCCI

Tempo di Valse

UNA FURTIVA LAGRIMA

from L'ELISIR D'AMORE (THE ELIXIR OF LOVE)

By GAETANO DONIZETTI

Larghetto

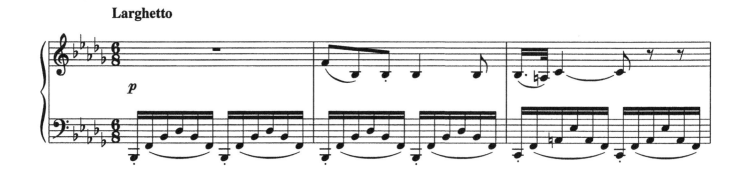

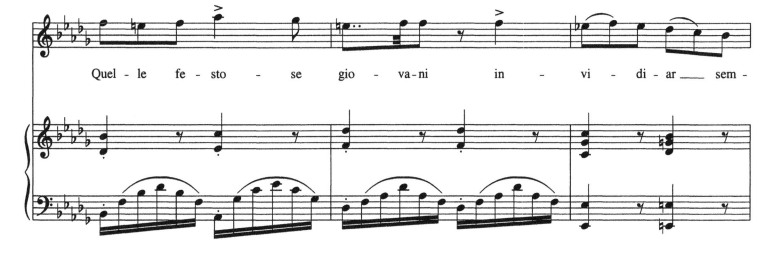

Quel - le fe - sto - se gio - va - ni in - vi - di - ar___ sem -

brò, Che più cer - can - do io vo'?

Che più cer - can - do io vo'? M'a - ma. Sì

m'a - ma.___ Lo ve - do, lo ve - do.

Un so - lo_i - stan - te_i pal - pi - ti

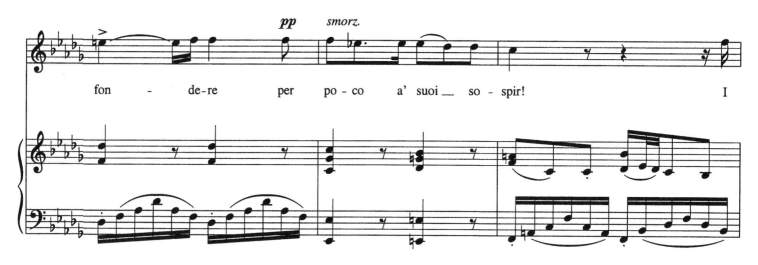

del suo bel cor___ sen - tir! I miei so - spir con -

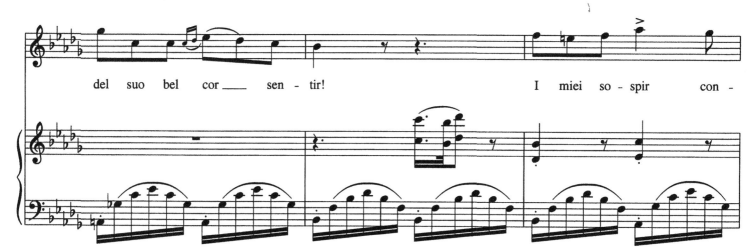

fon - de - re per po - co a' suoi__ so - spir! I

pal - pi - ti, i pal - pi - ti sen - tir, con - fon - de - re i miei co' suoi so -

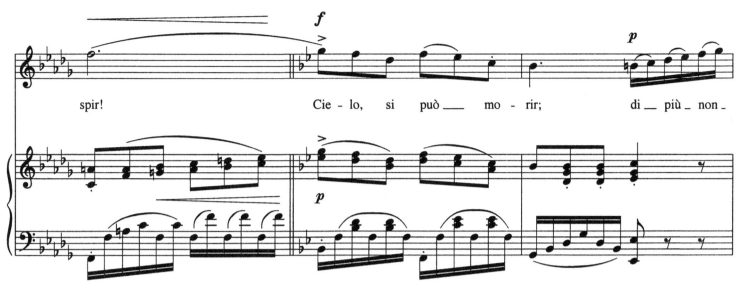

spir!   Cie - lo,   si può __ mo - rir;   di _ più _ non _

chie - do, non chie - do.   Ah!   Cie - lo,   si può, si può _ mo -

rir;   di   più _ non _ chie - do, non chie -

do.

VESTI LA GIUBBA

from THE GREAT CARUSO
from PAGLIACCI (THE CLOWNS)

Words and Music by
RUGGERO LEONCAVALLO

Sostenuto assai

Re - ci-tar! Men - tre pre - so dal de - li - rio non so più quel che

di - co e ___ quel che fac - cio! Ep - pur è d'uo-po... sfor - za -

ti! Bah! sei tu for - se un uom? _____ Tu se' Pa -

Adagio

gliac - cio! Ve - sti la giub - ba e la fac - cia in - fa -

ri - na. La gen - te pa - ga e ri - der vuo - le qua. _____ E se Ar - lec -

chin t'in - vo - la Co - lom - bi - na, ri - di, Pa - gliac - cio... e o - gnun ap - plau - di -

rà!   Tra mu-ta in laz - zi lo spa-smo ed il pian - to;   in u - na

smor - fia il sin - ghioz-zo e'l do-lor...   Ah! _____   Ri - di, Pa - gliac - cio,

sul tuo a - mo - re in - fran - to!   Ri - di del duol che t'av-ve - le - na il

Lo stesso movimento

cor!

cantabile con molta expressione

mf sonoro

R.H.

cresc. sempre

f

p

poco rit. con dolore

rianimando

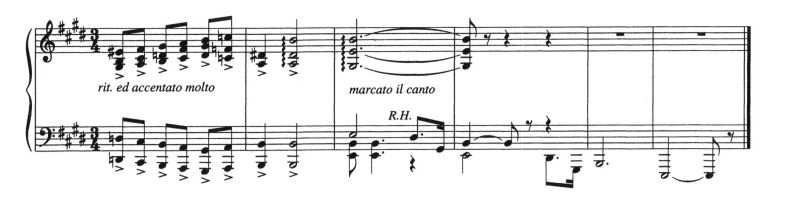

rit. ed accentato molto

marcato il canto

R.H.

VIENI SUL MAR
(Come to the Sea)

Italian Folk Song

Valse moderato

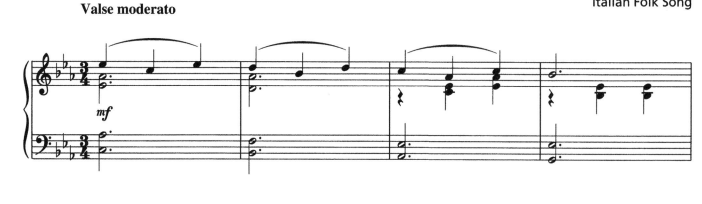

Deh! ti de - sta, fan -
Wake, be - lov - ed, The

ciul - la, la lu - na _____ span - de un rag - gio sì chia - ro sul
moon - light is glid - ing, _____ Spread - ing far o'er the o - cean its

mar; _____ vie - ni me - co, t'a - spet - ta la bru - na, _____
ray, _____ Come with me where my boat, soft - ly rid - ing, _____

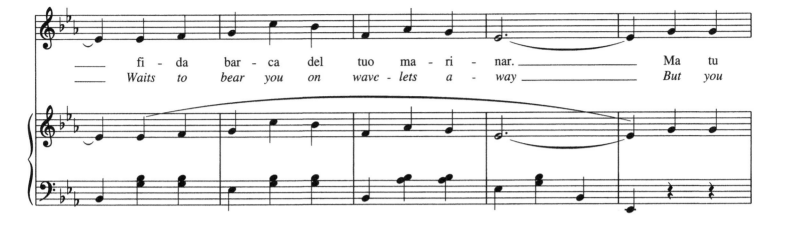

fi - da bar - ca del tuo ma - ri - nar. ____ Ma tu
Waits to bear you on wave - lets a - way ____ But you

dor - mi, e non pen - si al tuo fi - do, ____ ma non dor - me chi
sleep with no thought of my long - ing, ____ All un - mov'd is the

vi - ve d'a - mor! ____ Io la not - te a te vo - lo sul
heart I a - dore ____ Thro' the night ar - dent wish - es are

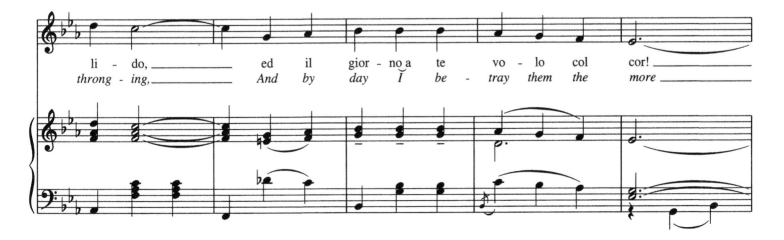

li - do, ____ ed il gior - no a te vo - lo col cor! ____
throng - ing, ____ And by day I be - tray them the more ____